文史哲詩叢16

十五歲之歌

簡如芬 著

文史哲出版社 印行

國立中央圖書館出版品預行編目資料

十五歲之歌 / 簡如芬著. -- 初版. -- 臺北市：文史哲，民 85
面；　公分. --（文史哲詩叢；16）
ISBN 957-547-969-6（平裝）

851.486　　85002586

⑯ 文史哲詩叢

十五歲之歌

著者：簡如芬
出版者：文史哲出版社
登記證字號：行政院新聞局局版臺業字五三三七號
發行人：彭正雄
發行所：文史哲出版社
印刷者：文史哲出版社
台北市羅斯福路一段七十二巷四號
郵撥〇五一二八八一二彭正雄帳戶
電話：三五一一〇二八

實價新台幣一八〇元

中華民國八十四年八月初版
中華民國八十五年八月發行

ISBN 957-547-969-6

藝術
是
攀騰在我生命中
永不止息的
旋律

序

我熱愛藝術，藝術充實我的生命。

我誕生於一個淳樸的鄉鎮——鶯歌。

從小，浸濡在陶瓷藝術領域裡，使我對美的事物具有強度的感受力。三歲時，家中發生了一些變故，因而喪父，一直到十歲，在鶯歌才有固定的居所。

家旁邊是一片竹林，夾著幾間磚瓦房，再往前便是常見的鄉村景象；綠油油的稻田、瓜棚、菜園和小河。我常佇足其間，與大自然溶為一體而渾然忘我。

每到三月，春神搖醒杜鵑，把河邊點綴成大自然的色譜，惹得蜂蝶群集。我常想，為什麼蝴蝶總是雙隻飛舞，永不分離，而連昆蟲都懂得交心，也難怪詩人能寫出這麼多扣人心弦，感人肺腑的情詩了。

世上萬物瞬息萬變日夜遞嬗，我們的生命也隨之蛻變，從生長、成熟到衰退；家鄉的一景一物陪我度過許多歲月，我在日星錘鍊的生活中慢慢成長。

生命不該只是追求享受，它的正面意義應是積極的創造。詩人在詩中吐露情感；畫家在畫中渲染生命的夢想；音樂家在曲中傾瀉心靈的感動，都是將最真純的感應，創作在生活的內頁裡，淨化了我們的心靈，美化了我們的生命，豐富了個人與群體的生活。

我一直希望自己能寫詩、繪畫和深入音樂，因為生活中有太多事物令人激賞，想奏出花開的喜悅，想寫出心靈的感動，想畫出美麗的夢，但這些只是幻想中的幻想，等到真正接觸了，卻又感到遙不可及，因為沒有好的學習環境，沒有足夠的經濟條件和機緣契合的導師，且在現實中成長必須鎖上聯考的里程。終於，在命運的安排下，我選擇了士商廣設科，之後，許多棘手的問題便行改觀，而不再像以前一般的自我消極摸索。在生活過程中，認識了許多詩友、畫友，在他們薰陶指導中，使我醉心藝文的本質，日益提昇。

感謝主，在我悲傷難過時，賜予溫情的鼓舞，在畏懼退縮時，給我勇氣和力量。感謝家人與師友的關愛，使我對人情冷暖，體驗深刻。但願這十五年的歲月沒有白白流逝，謹以此嘗試的心情，用啓航的第一部詩集，獻上我最大的感謝與祝福。

八十四年端午節　鶯歌

十五歲之歌 目次

·7· 思念

吻盡甜蜜的
思念
苦澀了
憂傷

思念

撫遍溫馨的
回憶
淚濕了
依戀

吻盡甜蜜的
思念
苦澀了
憂傷

悲傷漲紅了眼
徒留

褪色的笑容

堅強的心
卻不斷地
溶化成
寂寞的輕愁

是滴滴思念
是滴滴痛楚
穿透寂寞

滴滴

一滴
兩滴……
是滴滴思念
是滴滴痛楚
穿透寂寞

把夜點成
一盞一盞的希望
卻盼不到
你溫柔的低喃
也追不回
逝去的陽光

你的真心
在我心湖
寫入溫暖的永恒

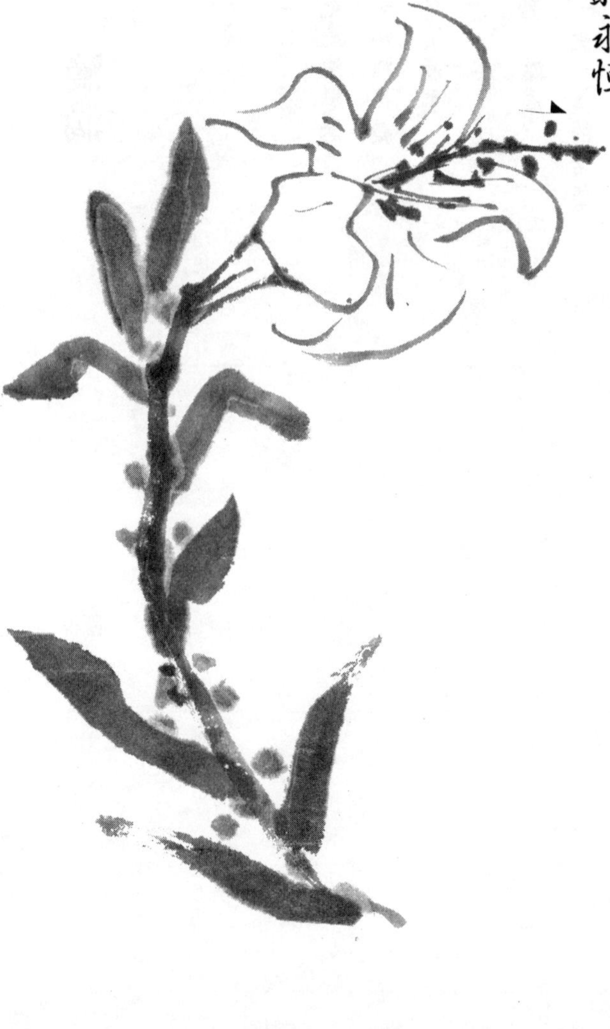

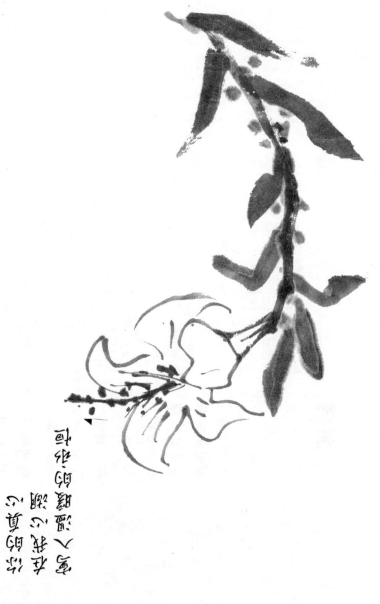

愫

你的笑唇
在我臉龐
鏽上瓣瓣芳馨

你的情眸
在我思維
鑲上叢叢翠影

你的襟懷
在我腦海
映出蔚藍長空

你的真心
在我心湖
寫入溫暖的永恒

·15· 織夢

飲一杯
金黃色的夢幻
織一個
玫瑰的未來

織夢

飲一杯
金黃色的夢幻
織一個
玫瑰色的未來
傾聽
風的呼喚
讓悲歡
豐富生活
讓血汗
陶鑄生命
不斷前進
緊握

光華閃閃的誓願
奔向
明天

我的心
乘著疲憊的思緒
飄洋流浪

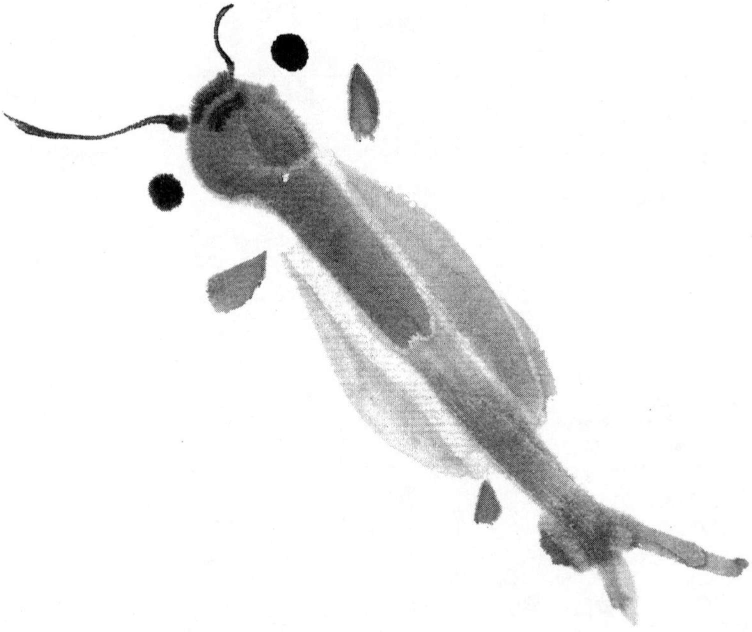

幻

水
流啊流啊
不知
流過多少
淚的傷悲

雨
飄啊飄啊
不知
飄過多少
思念的惆悵

我的心
乘著疲憊的思緒
飄洋流浪

幻夢中
初陽蒸融
冷酷的靈魂
使沈重失落
昇華為
光亮雲朵
盈滿希望的色彩

·21· 出神

我是
一首含淚的詩篇
在紙上
出神

出神

天空
為我紅眼
白雲
為我灰心

風兒
嘆息出涼意
鳥兒
泣唱出哀鳴

池裡
搖漾著淚影

山間
靉靆著痴情

我是一首
含淚的詩篇
在紙上出神

我
悄悄地
摘下一朵愛戀
於　懷中
使心
幻化爲
彩蝶

花語寄情

輕輕地
植一束馨香
於
心田
灑溉
涓涓
關懷
使它
慢慢的
茁
壯
成

長

吐露初生的驚喜
綻放愛的笑靨

清亮的你
一聲聲
語出
淡淡芬芳
吟出
濃濃思念
我
悄悄地
摘下一朵愛戀
於
懷中
使心

幻化為
花影

你的笑
包含一籃籃希望
種植
我生命的
每一畝
夢田

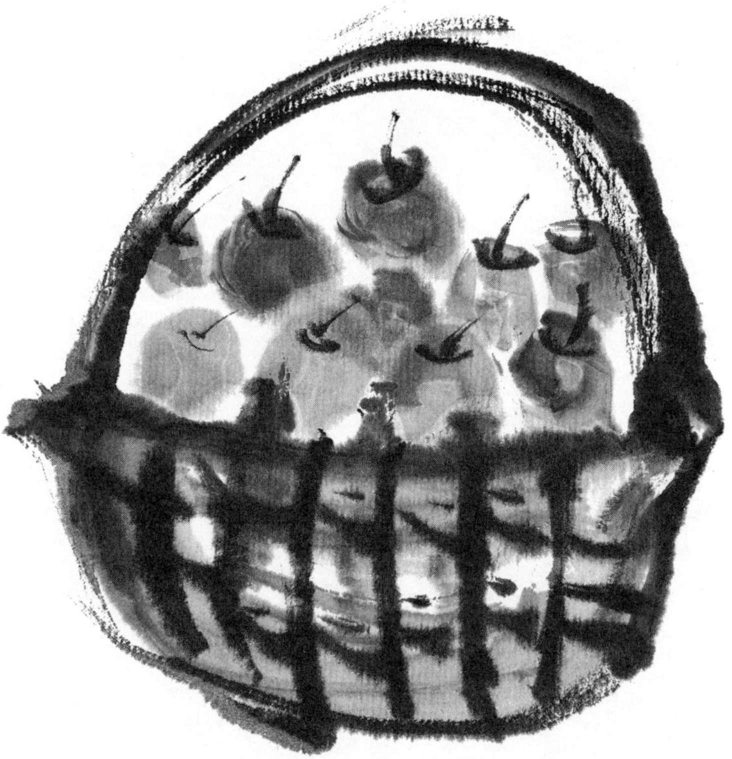

心

剝開層層裝束
裸露
生命的真

你的笑
包含一籃籃希望
種植
我生命的
每一畝夢田

你讀我的心
你懂我的情

在瞬息萬變的生活裡
你為我
澆溉
喜怒哀樂

像初陽
蒸融我
凍結的悲傷
若日月
引領我
走過燦美的人生
每一刻
將留下甜蜜的愛痕

我讀你的心
我懂你的意

為你
歌一曲感謝
生命的枷鎖
都編織成愛的搖籃
堅
實

把笑容
畫在思念裡
滲出了
滴滴悲傷

躭念

把笑容
畫在思念裡
滲出了
滴滴悲傷

把歡欣
寫在回憶裡
填滿了
絲絲愁緒

多盼望
風兒傳送思念

又害怕
雨兒將它淋濕

害怕
握不住你的真摯
再見不到
你的憐惜

摘不到一朵微笑
點綴平凡的生活
只能拾一把哭泣
沖淨心靈的塵埃

心情

等待
是
一串串
無助的落寞

想念
是一句句
無言的詩篇

摘不到一朵微笑
點綴平凡的生活

只能拾一把哭泣
沖淨心靈的塵埃

我是一朵
綻放在
夕陽下的彩雲
在你
陽光的溫照下
聚合了
一抹愛的紅暈

我是

我是一朵
綻放在
夕陽下的彩雲
在你
陽光的溫照下
聚合了
一抹愛的紅暈

我是一片
駘盪在
海風中的潮水
在你

海般的襟抱下
激起了
一波愛的花浪

我是
恣意的海鳥
遨翔在你
蔚藍的懷念裡

我是
閃亮的珍珠
溺愛於
你深沈的擁抱

啊
你晶瑩剔透的真心
使我

盈滿馥郁的溫馨
無限感激
在心海上
昇
騰

採集
一顆顆
豐碩的深情
盈滿我心籃

夜夢

躺在冰冷的夜裡
卻
擁抱你温暖的聲音
凝聽你的心
有
淡淡憂
濃濃情
敞開
愁緒中的絲路
一步步
跨入夢中生活

採集
一顆顆
豐碩的深情
盈滿我心籃

輕撫回憶殘影
恍若輕燈
飄散
溶入
淚光晶瑩

思緒

擁入
一夜陰森
淚光照明心情
輕撫回憶殘影
恍若輕煙
飄散
溶入
淚光晶瑩

聆聽曲曲樂音
彷彿
依偎於

·47· 思緒

你呢喃聲聲

相思縈迴
一顆心
漫漫飛舞成
串串音符
跳躍著
牽動
起伏不定的思緒
緩緩地
化做夢朵昇騰

數著
一張又一張的關心
存入
希望的未來
愛
會像利息
愈滾愈多

存

數著
一張又一張的關心
存入
希望的未來
愛
會像利息
愈滾愈多

存入一生的儉
便
領出一世的富

當下今日
種種疲累
將
換來明日心上
朵朵微笑

馱著
層層經濟負載
於是
無數艱辛
滴成汗海

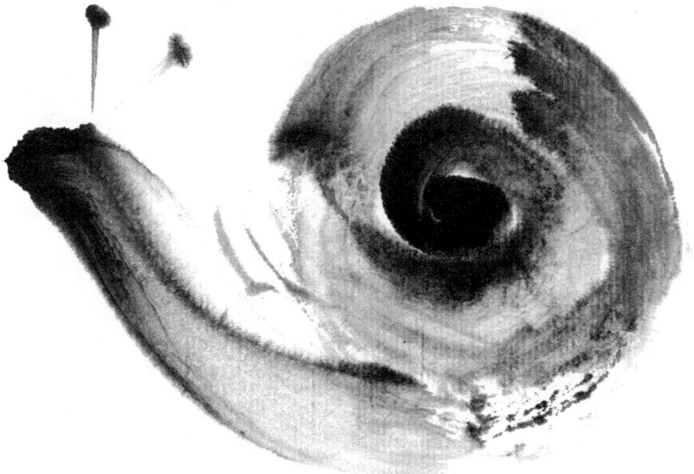

母親

憂傷嚙損雙頰
命運
將你的一生
雕上風暴
刻上霜雪
又為你的愛
塑上痛楚

馱著層層經濟負載
於是
無數艱辛
滴成汗海

經驗
在心尖
播下警惕
在眼角
刻下智慧

蓄汗成財
點淚為愛
用一生勞瘁
溫飽子女衣食
用一世勤儉
富裕我們的心靈

粗糙的日子
將你
磨出厚繭

你仍不時惦記
燃叮嚀為路燈
帶領我們成長

母親啊
你解生命的冷季
為
熱流
使心中每處角落
都綻放
朵朵慈愛
妳是我們
永恒的
青春

·55· 傷痛

含淚的天空
佈滿了
灰色憂傷
緩緩飄落
絲絲孤寂

傷痛

含淚的天空
佈滿了
灰色憂傷
緩緩飄落
絲絲孤寂

光陰
撕毀了
一張真純的笑靨
隱藏的面容
竟是
破碎的虛偽

疲憊的心靈
包裹著
片片冰雪
旭日東昇時
已溶成無情淚
啃蝕成
內心的傷痕
而陣陣寒風
卻化成
無盡的愛
吹送著
內心的惆悵

雨啊
微風中的雨啊
沖淨我心葉上的積塵
灑濺我心蕊中的詩

心雨

雨啊
微風中的雨啊
輕輕的
輕輕的
飄向
我的髮梢
我的眼
我的心
模糊了
我的視線
我的思緒
我的懷念

雨啊
微風中的雨啊
沖淨我心葉上的積塵
灑溉我心蕊中的詩

那
搖漾著
夢般的香息
是你
淡淡的問候
抑是我
濃濃的思念

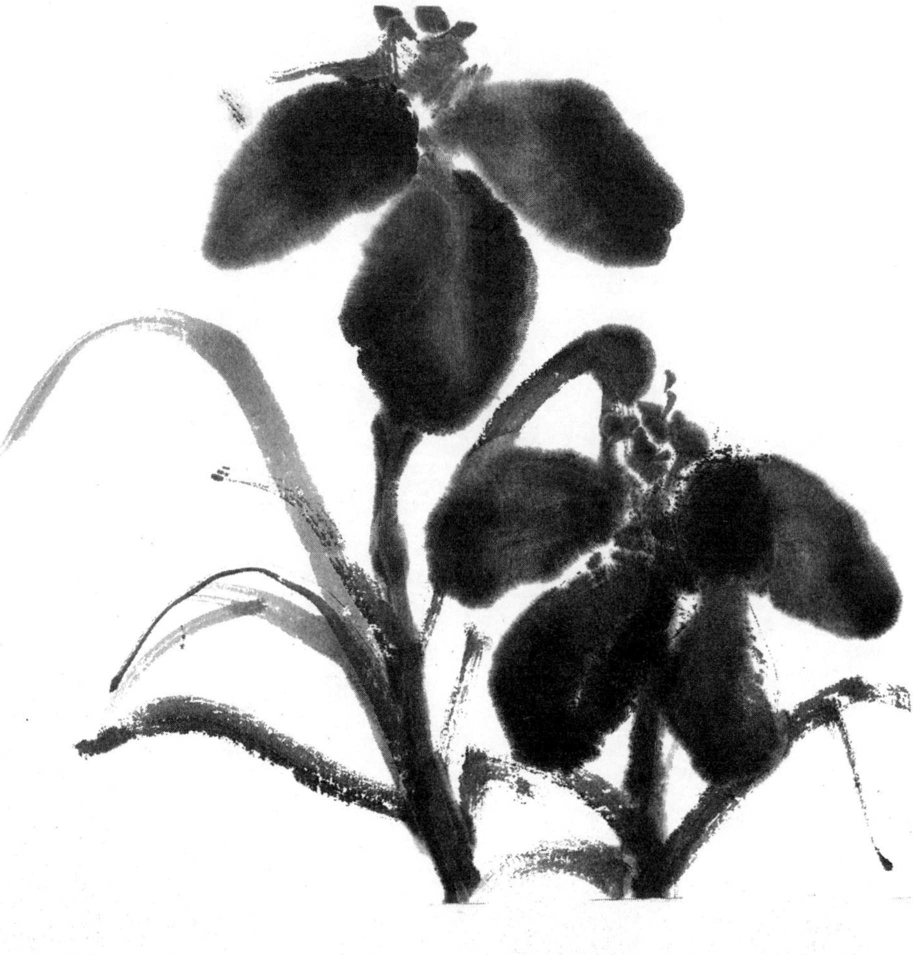

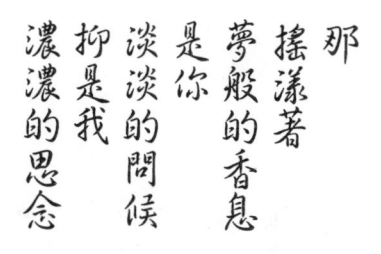

問

那
搖漾著
夢般的香息
是你
淡淡的問候
抑是我
濃濃的思念

蘊釀的思念
是
香醇的醉
抑是

心酸的淚

那
裝滿心瓶的苦澀
瀉了一地
浮現的
是你
淡漠的眸光
抑是我
晶瑩的淚光

啊
無聲的痛
卻喊醒了
內心的詢問

問我

是否
念你如常
問你
是否
愛我依舊

把受傷的心
掛上夜空
盼你
照明她的深情

盼

把受傷的心
掛上月空
盼你
照明她的深情

思念滴滿深杯
盼你
飲盡她的孤獨

一朵疲憊
沈睡於夜
盼曙光

搖醒她的夢魘
盼暖陽
滋養她的憔悴

你的愛
在我心中
夢一般
寫下了
一首一首
真摯的詩篇

愛的情思

你的愛
在我心中
夢一般
寫下了
一首一首
真摯的詩篇

我的情
在你眸中
詩一般
畫下了
一幅一幅

深情的夜景

在
憂鬱的星空裡
飄下了
我倆
一串又一串的思念
每一串思念
都交織成
一段一段
無法割捨的纏綿

滿眶的淚水
已匯成
思念的小溪
流向
我深愛的鄉原

夢裡故鄉

在迷思的霧裡
我追尋
鄉野的芬芳

遙望著
泛黃的記憶
我追尋
褪色的鄉景

那悲苦的冷風啊
似乎
還訴說著

昨夜的鄉愁

把我
化為凋零的蒲公英吧
隨著輕風
把思念
飄落
寂寞的鄉土

然而
滿眶的淚水
已匯成
思念的小溪
流向
我深愛的鄉原

將沈重的鄉愁

鋪成歸鄉路吧
覓那熟悉的腳印
卻又尋不回
夢裡的鄉情

我在水裡
沸騰
昇華爲
嬝嬝迷思
瀰漫的思念
直撲
你的懷抱

心語

我在火裡
燃燒
熔化成
一壺烈酒
醞釀的幻戀
斟你
成醉

我在水裡
沸騰
昇華為
嬝嬝迷思

瀰漫的思念
直撲
你的懷抱

心語
緩緩郵成
風的羽翼
飛向愛的歸宿
贈你
我生命的一切
愛與祝福

點一脣櫻桃
紅你
印一朵玫瑰
香你

依戀

當憂傷傷我
你的愛
是我拭淚的紙中

當悒鬱鬱我
你的情
是我釋懷的經典

點一唇　櫻桃
紅你
印一朵　玫瑰
香你

擁抱　沈溺
情語　微醺
你
是我心
永遠的依戀

回首
抓不住
回憶線上的傷悲
只嘗到
相知的甘美

三度空間

睜大雙眼
碰觸不到你的熱流
在一度空間裡
我們是各自佇足的冰點

二度空間裡
心心相連成線
生命的步伐
延伸了
前行的道路
相離的心
凝結為串串珠淚

淚的相聚
蒸發為
瓣瓣雲霞

回首
抓不住
回憶線上的傷悲
只嘗到
相知的甘美

三度空間裡
以生命
為起點
使相依
為終點
畫成愛的同心圓

跋涉千山萬水
離不開
圓的界內
歷經潮起潮落
避不開
圓的圍繞

啊
只因
我倆的愛
已會合成
永世的
圓

書本堆積生活
彩筆排滿光陰
每一本愛
每一寸情
造就了
我藝術的領域

眞愛

你
滿心
盈溢歡欣
投注
一泉甘美
澄澈我
繁雜的思慮

每思念你
夢想便督促我
前進
再

前進

於是
書本堆積生活
彩筆排滿光陰
每一本愛
每一寸情
造就了
我藝術的領域

生命
於是
充斥你的明暉
惆悵
渲染成春花

每一滴溶化的感謝

都流旋在
萬變中
不變的真誠

思念溶爲淚水
煉成顆顆晶瑩
鑲上等待
串上光陰
便是
一條
無盡的悔憾

悲歌

不要問
為何冷若冰霜
要問
就問你
給我多少
使我習慣幸福
又使我
習慣寂寞
不要問
為何滿心惆悵
要問

就問你
給我多少
使我習慣歡笑
又使我
習慣悲傷

思念溶為淚水
煉成
顆顆晶瑩
鑲上憂傷
串上光陰
便是
一條
無盡的悔憾

你播下
一顆生機

用愛
灌溉溫馨
春光流瀉在它臉上
露出歡欣

成長陪伴衰退
走入光陰
卻都迷失了
自己

你用僅有的精力
渲染生命的餘暉
忙著照亮自己的大地
又何時
何時想到
孤零零的心
只能

躲在黑暗中
漸漸
漸漸
枯
萎

剪不斷的情意
撕不毀的摯愛啊
在光陰交錯間
閃亮成
一段亙古的傳說

交會

燃燒的唇
吻出
愛的星花

重疊的倆心
湧現
沸騰的依戀

剪不斷的情意
撕不毀的摯愛啊
在光陰交錯間
閃亮成
一段亙古的傳說

讓芬芳
召喚東風
花果
滿遍心田

馨

輕輕的
撒下
情誼種子
悄悄的
珍藏在
你我深心

將它
注入滴滴愛
滋養片片情

要讓

芬芳召喚東風
花果滿遍心田

揚起
我夢般的靈魂
飄進
你深邃的眼眸

尋

揚起
我夢般的靈魂
飄進
你深邃的眼眸

循著心情的脈絡
摸索
你寂靜的沈思

跟著你
沸騰血液
隨著我

燃燒情感

愛
激起了
心中浪潮
昇華為
滿天彩雲

你的深愛
我的柔情
揮不去
掙不脫
便
徘徊在天地之間

徘徊

你用愛
摺成千隻紙鶴
飛入
我的晴空

我用情
織就千針柔網
捕捉
你的一生

當
天空飄下雨霧

紙鶴　不再飛
柔網　被淋濕

你的深愛
我的柔情
揮不去
掙不脫
便
徘徊在天地之間

你是深沈中的
一彎柔情
我品嘗
你皎潔的倩影
我渴飲
你的淚光晶瑩

月

黑暗慢慢靠近
吞蝕你的光輝
我精讀
你的驚惶

月
啊
黑夜裡
你是深沈中的
一彎柔情
我品嘗
你皎潔的倩影
我渴飲

你的淚光晶瑩

千百代前
你吸吮了多少愛情
而今
吐露著
惋嘆的深情

我試著
從你生命裡
找出
自己的輪迴
也試著
從你記憶中
尋回
燦亮的過去

但
你那無聲的表白
如何
如何使我
讀出你的心
又如何
使我懂得你啊
月兒

爲我
點一盞心燈吧
黑暗時
指引我歸航
讓光明
照亮我心岸

想你

想你
漫漫黑夜裡
思念盈溢
串串淚滴
滑落
心底的幽淵
伴我築夢

讀你
夢中
癡癡凝望
思緒飛舞成

串串音符
跳動
心情的節奏

我試著
以深情
掬取
你的愛
然而
無盡的等候
卻
盛滿我心井

為我
點一盞心燈吧
黑暗時
指引我歸航

讓光明
照亮我心岸

啜一口夜思
沈醉在
夢的邊緣

夜

啜一口幽思
沈醉在
夢的邊緣

夜啊
我讀
你的靜謐
我吟
你的柔逸

有時星光燦爛
點亮

每一盞心燈
有時陰森寂寂
封鎖
每一道心門

你
靜得令人心醉
暗得令人心畏
在半夢半醒間
我精讀著
夜

寂寞
是
一把吉他
彈奏
悲涼

傷情

寂寞
是
一把吉他
彈奏
悲涼

寒風蕭蕭
吹走
你溫柔的唇語
易碎的心
所盪漾的
串串淚珠

已成
枯黃的告白
顫抖的
不是
冰冷的身軀
是
凍傷的心靈

啊
在凝望一瞬間
竟滑過
歲月中的
冷漠
和
我的
深情

用愛
點亮
黑夜裡的
每一盞關懷

關愛

用愛
點亮
黑夜裡的
每一盞關懷
使滿天星子
睜亮雙眸
看看寂寞的巷角
一抹抹孤獨
一雙雙渴盼

啊
是否陣陣落寞

已
激起心濤
是否滴滴心酸
已
盈滿淚眶

伸出你的慈愛
付出你的關懷吧

寂寞不再屬於黑暗
悲傷將癒合為歡笑

那夜
我乘一葉柔情
划入
你的深情

續緣

那夜
我乘一夜柔情
划入
你的深情

星空下
情海
波光瀲灩
我倆心中
同昇起
一輪月影

在神秘夜空下
我倆
循著月光凌跨銀河
共續前緣

滿天
滿天閃亮的
是
永遠的情盟

·125·　愁緒

滴滴愁緒
滑到脣邊
便此濕了
句句諾言

愁緒

相思
盈成淚水
拂過
臉龐
成為
滴滴愁緒
滑到唇邊
便此
濕了句句諾言
滴落襟前
卻
化成了
一抹無彩斜陽

一顆
結晶的寂寞
躲進貝殼
偷偷地
啜泣成
夢的明珠

結晶的寂寞

一顆
結晶的寂寞
躲進貝殼
偷偷地
啜泣成
夢的明珠

任淚潮泛濫思念
卻
愈苦
愈鹹
只好

沈澱夜海
守著滿心傷痛

你是
萬叢冷漠中的
一株深情
每一瓣都染上
感謝

幸福花

揉碎悲傷
成
歡笑的泥土
培植
朵朵幸福

我想幻化為蝶
日日縈迴馨園
陽光閃耀生命
映照
你的光彩

雨露滋潤苦澀
綻放
你的柔情

你是
萬叢冷漠中的
一株深情
每一瓣都染上
感謝

我願幻化為蜂
時時為你佇留
採集你的甜蜜
採集你的愛

你拉動我心弦
轉悲傷成歡笑
我讀
你寬闊的胸襟

海

海啊
你如何在強風誘導下
激起
活躍的生命
你沈醉於月的柔逸
心情
隨潮汐
起
落
我在滔滔浪聲中

聽見你
用貝殼呼喚
我沈睡的心靈

你拉動我心弦、
轉悲傷成歡笑
我讀
你寬闊的胸襟

海啊
你如何在暴雨侵襲下
平撫
洶湧的心濤
我讀
你的穩重

我沈醉於你的寧和

心慮
因你而澄淨清明

而你
深沈的雙眸
已
柔亮我心
一片湛藍